LOGO-Lern-Hefte

Alles klar!

Rechnen im Zahlenraum bis **1000**

Heft 5

LOGO
Lern-Spiel-Verlag

Heft 5

Lernen mit den LOGO-Lern-Heften

Info

Von der Vorschule bis zum 4./5. Schuljahr:
Alles was Kinder zum sicheren Rechnen brauchen!
Kein langweiliges Päckchenrechnen, sondern **entdeckendes Lernen**.

Vernetztes Lernen – einsichtiges Rechnen
Erfolgreiches Lernen ist nur möglich, wenn gewonnenes Wissen vielfältig vernetzt wird. Einsichtiges Rechnen bedeutet, dass die Kinder Gesetzmäßigkeiten und Zusammenhänge zwischen den Aufgaben erkennen und nutzen.
In den LOGO-Lern-Heften werden solche Beziehungen und Gesetzmäßigkeiten durchgehend erarbeitet: Tauschaufgaben, Umkehraufgaben und Nachbaraufgaben schaffen Stützen für das Lernen. Die beiden Leitfiguren, Klara und Klaro, helfen den Kindern, Rechenwege und Zusammenhänge zu verstehen. Um diese Beziehungen bewusst zu machen, finden die Kinder bei den entsprechenden Aufgaben diese Symbole:

Tauschaufgaben
9 + 3 = 12 / 3 + 9 = 12
8 · 3 = 24 / 3 · 8 = 24

Umkehraufgaben
4 + 7 = 11 / 11 − 7 = 4
8 · 5 = 40 / 40 : 5 = 8

Nachbaraufgaben
8 + 8 = 16 / 8 + 9 = 17
5 · 7 = 35 / 6 · 7 = 42

Leichte Aufgaben – schwere Aufgaben
9 + 5 = 14 / 90 + 50 = 140
6 · 8 = 48 / 6 · 80 = 480

Zum Zehner/ Hunderter/Tausender – dann weiter!
39 + 1 = 40 / 39 + 4 = 43
104 − 4 = 100 / 104 − 6 = 98

Rechnen im Heft
Bei diesen Aufgaben ein Blatt Papier oder Heft benutzen

Selbstkontrolle im Blattumdrehen
Die Technik der Übungshefte ist einfach: Die Kinder stecken die Folie auf eine Seite des Heftes. Sie lösen die Aufgaben und **schreiben** das Ergebnis mit dem trocken abwischbaren Zauberstift auf die Folie. (Was man schreibt, behält man leichter!) Dann die Folie wegziehen, die Seite umdrehen und die beschriebene Folie auf die Rückseite stecken. Auf der Rückseite stehen die Lösungen klein in roter Farbe gedruckt. So können die Kinder die Lösungen mit den eigenen Ergebnissen auf der Folie unmittelbar vergleichen. Wenn etwas nicht stimmt, Ergebnis einfach wegwischen und die Aufgabe noch einmal lösen. Auch Fehler sind Teil des Lernprozesses, denn aus Fehlern kann man wirklich lernen! Sie zeigen, wo etwas noch nicht ganz verstanden ist. Aufgaben, die im ersten Durchgang noch Schwierigkeiten gemacht haben, werden im zweiten Anlauf erfolgreich gelöst.

Ab Heft 2 können die Kinder auf besonderen **Alles klar!-Karten** am Ende eines jeden Lernabschnitts überprüfen, was sie schon können und was noch geübt werden muss. Die Lernfortschritte können im **Lernpass** vorn im Heft verzeichnet werden: „Das habe ich schon geschafft!"

© 2015 by LOGO-Lern-Spiel Verlag

LOGO-Lern-Hefte – 3. Schuljahr: Rechnen bis 1000

Info

Rechnen im Zahlenraum bis 1000
Im 3. Schuljahr werden die Einsichten, die die Kinder im Zahlenraum bis 100 gewonnen haben, weitergeführt und vertieft. Dabei gibt es zwei Schwerpunkte: Zum einen Addieren und Subtrahieren (Plus und Minus) bis 1000 auf verschiedenen Wegen bis hin zum schriftlichen Rechnen, zum anderen Multiplizieren und Dividieren (Malnehmen und Teilen) über das kleine Einmaleins hinaus.

Rechenwege
Um im erweiterten Zahlenraum beweglich rechnen zu können, sind tragfähige **Rechenstrategien** unentbehrlich. So kommen die Kinder beim Addieren und Subtrahieren auf verschiedenen Wegen zum Ziel. Sie können z.B. „erst die Hunderter, dann die Zehner" oder „erst die Zehner, dann die Hunderter" addieren oder subtrahieren. In manchen Fällen hilft es auch weiter, Zusammenhänge zwischen Aufgaben zu nutzen („geschicktes Rechnen").

Schriftlich addieren und subtrahieren
Bei schwierigen Aufgaben kommt das Kopfrechnen an seine Grenzen, hier muss man schriftlich rechnen. Auch die schriftlichen Rechenverfahren müssen einsichtig geübt werden. Die schriftliche Addition bereitet kaum Schwierigkeiten. Dagegen sind die Ideen, die der schriftlichen Subtraktion zugrunde liegen, nicht so leicht zu verstehen. Es werden hier zwei Wege erarbeitet: Beim „Erweiterungsverfahren" (Seite 25) werden beide Zahlen bei Bedarf um die gleiche Zahl vergrößert, der Unterschied bleibt gleich. Beim „Entbündelungsverfahren" (Seite 26) werden größere Einheiten in kleinere umgewandelt. Die Kinder können beide Verfahren und Schreibweisen anwenden oder sich für jene entscheiden, die sie im Schulunterricht verwenden.

Multiplizieren und Dividieren
Grundlage für das Multiplizieren und Dividieren mit größeren Zahlen sind die beim kleinen Einmaleins gewonnenen Einsichten.

Das Zehner-Einmaleins ist wie das kleine Einmaleins aufgebaut: 4 · 9 = 36, 4 · 90 = 360, denn vier Neunerschritte führen zur 36, vier Neunzigerschritte zur 360. Kommen nun noch Einer hinzu, führt wieder schrittweises Vorgehen zum Ziel: 4 · 35 = _ wird in zwei einfache Aufgaben zerlegt: 4 · 30 = 120, 4 · 5 = 20. Diese Rechenstrategien werden im 3. Schuljahr und auch in diesem Heft erarbeitet.

Beispiel 650 + 190:

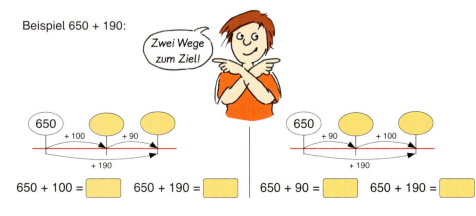

Heft 5

Zahlen bis 1000

① Trage die Zahlen ein.

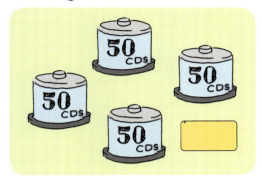

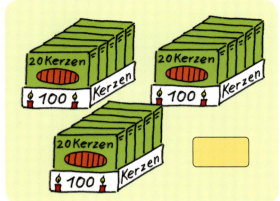

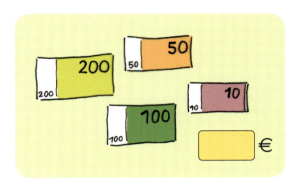

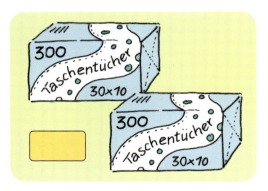

 0
 100

 300
 400
 500

 700 800 1000

© 2015 by LOGO-Lern-Spiel Verlag

Heft 5 **Zahlen bis 1000** 1

① Trage die Zahlen ein.

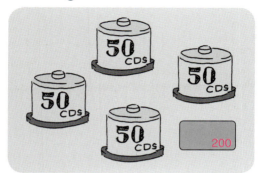
200

300

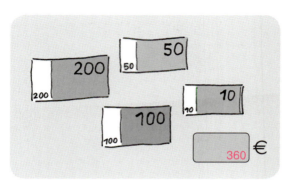
360 €

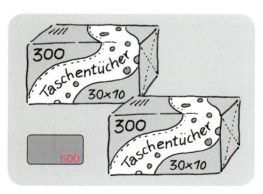
600

Kommt mit ins Zahlenland bis 1000!

160

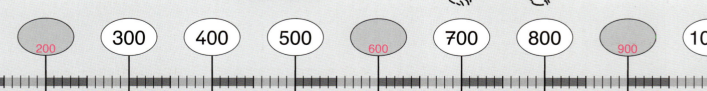

© 2015 by LOGO-Lern-Spiel Verlag

Heft 5 **Rechnen mit Hundertern** ➕ ➖ 2

① Umkehraufgaben: Von Hunderter zu Hunderter und zurück!

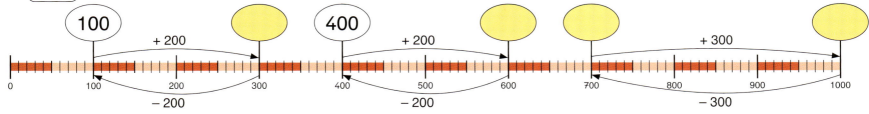

100 + 200 = ☐   400 + ☐ = ☐   ☐ + ☐ = 1000

300 − 200 = ☐   600 − ☐ = ☐   ☐ − ☐ = ☐

② 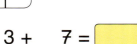 Leichte Aufgaben – schwere Aufgaben!

3 + 7 = ☐      6 + 2 = ☐   10 − 5 = ☐

300 + 700 = ☐   *Geht mit Hundertern wie mit Einern!*   600 + 200 = ☐   1000 − 500 = ☐

③ Immer drei Aufgaben!

200 + 200 = ☐   500 + 500 = ☐   900 − 500 = ☐   200 − 200 = ☐

200 + 400 = ☐   400 + 400 = ☐   800 − 400 = ☐   300 − 200 = ☐

200 + 600 = ☐   300 + 300 = ☐   700 − 300 = ☐   400 − 200 = ☐

© 2015 by LOGO-Lern-Spiel Verlag

Heft 5

Rechnen mit Hundertern ⊕ ⊖

2

① Umkehraufgaben: Von Hunderter zu Hunderter und zurück!

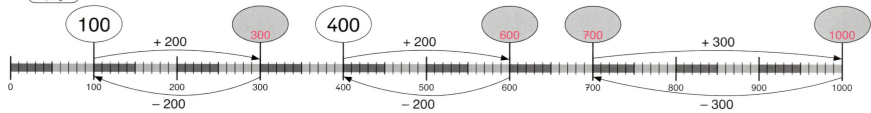

100 + 200 = 300
300 − 200 = 100

400 + 200 = 600
600 − 200 = 400

700 + 300 = 1000
1000 − 300 = 700

② Leichte Aufgaben – schwere Aufgaben!

3 + 7 = 10
300 + 700 = 1000

 *Geht mit Hundertern wie mit Einern!*

6 + 2 = 8
600 + 200 = 800

10 − 5 = 5
1000 − 500 = 500

③ Immer drei Aufgaben!

200 + 200 = 400
200 + 400 = 600
200 + 600 = 800

500 + 500 = 1000
400 + 400 = 800
300 + 300 = 600

900 − 500 = 400
800 − 400 = 400
700 − 300 = 400

200 − 200 = 0
300 − 200 = 100
400 − 200 = 200

© 2015 by LOGO-Lern-Spiel Verlag

Heft 5 **Zahlen am Tausenderstrahl** 3

① Trage die Zahlen ein.

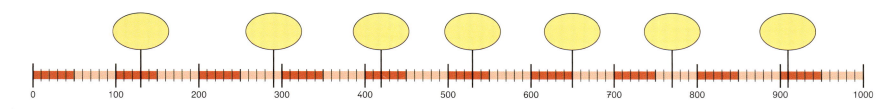

② Findest du auch diese Zahlen?

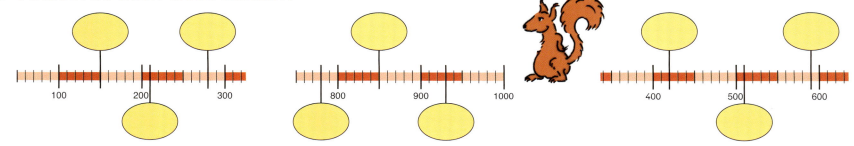

③ Male Fähnchen und trage die Zahlen ein: 80 230 380 550 690 810

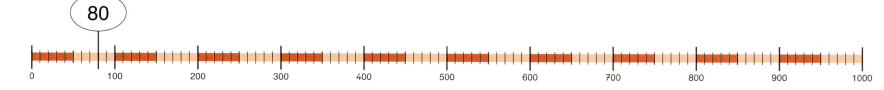

© 2015 by LOGO-Lern-Spiel Verlag

Zahlen am Tausenderstrahl

① Trage die Zahlen ein.

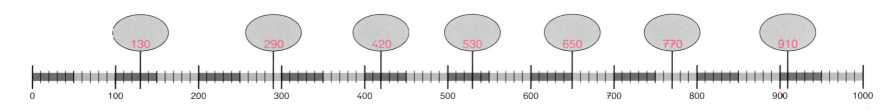

② Findest du auch diese Zahlen?

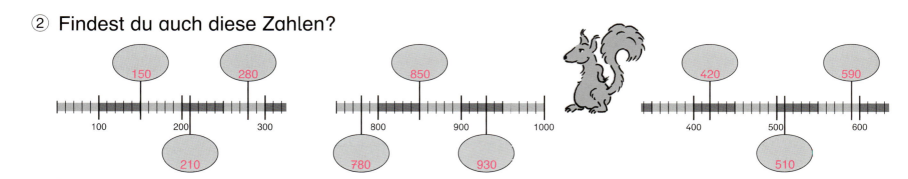

③ Male Fähnchen und trage die Zahlen ein: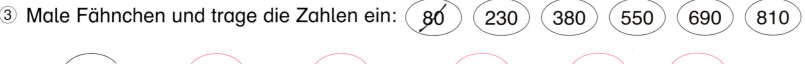

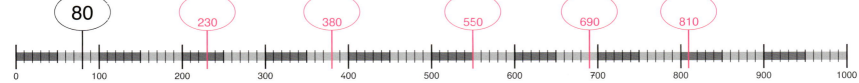

© 2015 by LOGO-Lern-Spiel Verlag

Heft 5 **Hunderter addieren und subtrahieren** 4

①

500 + 200 =
550 + 200 =
555 + 200 =

700 − 200 =
750 − 200 =
755 − 200 =

② 600 + 200 =
670 + 200 =
673 + 200 =

328 + 600 =
528 + 400 =
728 + 200 =

900 − 600 =
940 − 600 =
946 − 600 =

686 − 400 =
586 − 400 =
486 − 400 =

③ Die Tauschaufgabe hilft!

400 + 372 =
372 + 400 =

300 + 698 =
698 + 300 =

④ Hin und her: Umkehraufgaben!

172 + 300 =
472 − 300 =

265 + 700 =
965 − 700 =

© 2015 by LOGO-Lern-Spiel Verlag

Heft 5

Hunderter addieren und subtrahieren

4

①

500 + 200 = 700
550 + 200 = 750
555 + 200 = 755

700 − 200 = 500
750 − 200 = 550
755 − 200 = 555

"Hunderterschritte sind leicht!"

②
600 + 200 = 800
670 + 200 = 870
673 + 200 = 873

328 + 600 = 928
528 + 400 = 928
728 + 200 = 928

900 − 600 = 300
940 − 600 = 340
946 − 600 = 346

686 − 400 = 286
586 − 400 = 186
486 − 400 = 86

③ Die Tauschaufgabe hilft!

400 + 372 = 772
372 + 400 = 772

300 + 698 = 998
698 + 300 = 998

④ Hin und her: Umkehraufgaben!

172 + 300 = 472
472 − 300 = 172

265 + 700 = 965
965 − 700 = 265

© 2015 by LOGO-Lern-Spiel Verlag

Heft 5 **Ergänzen zum Hunderter** ➕ ➖

①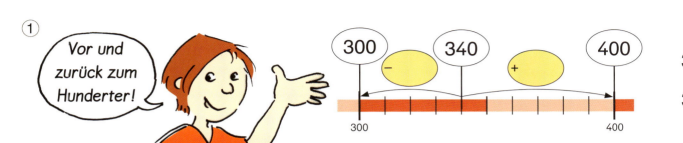

340 + ☐ = 400
340 − ☐ = 300

② Zum nächsten Hunderter!

850 + ☐ = 900
850 − ☐ = 800

360 + ☐ = ☐
360 − ☐ = ☐

730 + ☐ = 800
730 − ☐ = 700

640 + ☐ = ☐
640 − ☐ = ☐

510 + ☐ = 600
510 − ☐ = 500

470 + ☐ = ☐
470 − ☐ = ☐

③ In zwei Schritten zum Hunderter!

280 + ☐ = 300
285 + ☐ = 300
289 + ☐ = 300

32 + ☐ = 100
232 + ☐ = 300
432 + ☐ = 500

525 + ☐ = 600
545 + ☐ = 600
595 + ☐ = 600

962 + ☐ = 1000
964 + ☐ = 1000
966 + ☐ = 1000

© 2015 by LOGO-Lern-Spiel Verlag

Heft 5 **Ergänzen zum Hunderter** ⊕ ⊖ 5

① *Vor und zurück zum Hunderter!*

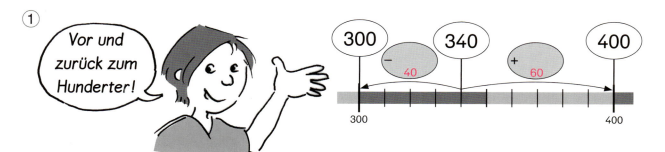

340 + [60] = 400

340 − [40] = 300

② **Zum nächsten Hunderter!**

850 + [50] = 900   730 + [70] = 800   510 + [90] = 600

850 − [50] = 800   730 − [30] = 700   510 − [10] = 500

360 + [40] = [400]   640 + [60] = [700]   470 + [30] = [500]

360 − [60] = [300]   640 − [40] = [600]   470 − [70] = [400]

③ **In zwei Schritten zum Hunderter!**

280 + [20] = 300   32 + [68] = 100   525 + [75] = 600   962 + [38] = 1000

285 + [15] = 300   232 + [68] = 300   545 + [55] = 600   964 + [36] = 1000

289 + [11] = 300   432 + [68] = 500   595 + [5] = 600   966 + [34] = 1000

© 2015 by LOGO-Lern-Spiel Verlag

Heft 5 **Rechnen in einem Hunderter** ⊕ 6

① Rechnen wie im ersten Hunderter!

20 plus 60 kann ich schon!

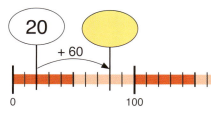 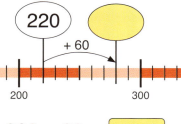 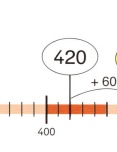

20 + 60 = ☐   220 + 60 = ☐   420 + 60 = ☐

② Leichte Aufgaben – schwere Aufgaben!

40 + 40 = ☐	70 + 30 = ☐	55 + 20 = ☐	40 + 49 = ☐
340 + 40 = ☐	470 + 30 = ☐	155 + 20 = ☐	540 + 49 = ☐
740 + 40 = ☐	970 + 30 = ☐	655 + 20 = ☐	840 + 49 = ☐

③ Achte auf Zehner und Einer.

45 + 18 = ☐   25 + 35 = ☐

345 + 18 = ☐   125 + 35 = ☐

④ Die Tauschaufgabe hilft!

26 + 330 = ☐   59 + 202 = ☐

330 + 26 = ☐   202 + ☐ = ☐

© 2015 by LOGO-Lern-Spiel Verlag

Heft 5 — **Rechnen in einem Hunderter** ⊕ — 6

① Rechnen wie im ersten Hunderter!

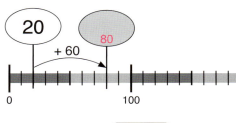
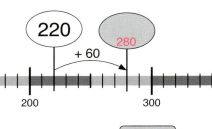
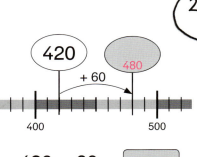

20 plus 60 kann ich schon!

20 + 60 = 80   220 + 60 = 280   420 + 60 = 480

② 🌀 Leichte Aufgaben – schwere Aufgaben!

40 + 40 = 80   70 + 30 = 100   55 + 20 = 75   40 + 49 = 89
340 + 40 = 380   470 + 30 = 500   155 + 20 = 175   540 + 49 = 589
740 + 40 = 780   970 + 30 = 1000 655 + 20 = 675   840 + 49 = 889

③ Achte auf Zehner und Einer.

45 + 18 = 63   25 + 35 = 60
345 + 18 = 363   125 + 35 = 160

④ Die Tauschaufgabe hilft!

26 + 330 = 356   59 + 202 = 261
330 + 26 = 356   202 + 59 = 261

© 2015 by LOGO-Lern-Spiel Verlag

Heft 5 — Rechnen in einem Hunderter 7

① Rechnen wie im ersten Hunderter!

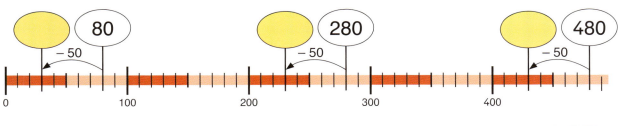

80 minus 50 kann ich schon!

80 − 50 = ☐   280 − 50 = ☐   480 − 50 = ☐

② Leichte Aufgaben – schwere Aufgaben!

90 − 60 = ☐	70 − 40 = ☐	75 − 20 = ☐	80 − 45 = ☐
290 − 60 = ☐	570 − 40 = ☐	675 − 20 = ☐	480 − 45 = ☐
590 − 60 = ☐	970 − 40 = ☐	875 − 20 = ☐	880 − 45 = ☐

③ Achte auf die Zehner und Einer.

60 − 25 = ☐   665 − 20 = ☐

660 − 25 = ☐   665 − 25 = ☐

④  Hin und her: Umkehraufgaben!

719 + 50 = ☐   605 + 35 = ☐

769 − 50 = ☐   640 − ☐ = ☐

© 2015 by LOGO-Lern-Spiel Verlag

Rechnen in einem Hunderter

Heft 5 — 7

① Rechnen wie im ersten Hunderter!

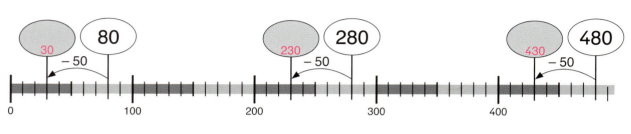

80 minus 50 kann ich schon!

80 − 50 = 30   280 − 50 = 230   480 − 50 = 430

② Leichte Aufgaben – schwere Aufgaben!

90 − 60 = 30	70 − 40 = 30	75 − 20 = 55	80 − 45 = 35
290 − 60 = 230	570 − 40 = 530	675 − 20 = 655	480 − 45 = 435
590 − 60 = 530	970 − 40 = 930	875 − 20 = 855	880 − 45 = 835

③ Achte auf die Zehner und Einer.

60 − 25 = 35   665 − 20 = 645

660 − 25 = 635   665 − 25 = 640

④ Hin und her: Umkehraufgaben!

719 + 50 = 769   605 + 35 = 640

769 − 50 = 719   640 − 35 = 605

© 2015 by LOGO-Lern-Spiel Verlag

Heft 5 — Tabellen ± — 8

① Immer zwei Randzahlen addieren ⊕ oder subtrahieren ⊖!

② Hier wird es schwieriger! Findest du die Randzahlen?

Tabellen ⊕ ⊖

① Immer zwei Randzahlen addieren ⊕ oder subtrahieren ⊖!

240 plus 400!

+	200	400	600
240	440	640	840
245	445	645	845

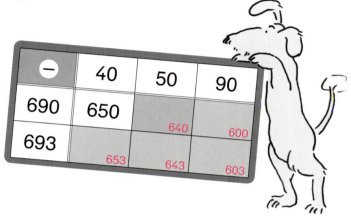

−	40	50	90
690	650	640	600
693	653	643	603

② Hier wird es schwieriger! Findest du die Randzahlen?

Ergänzen hilft!

+	9	29	39
630	639	659	669
430	439	459	469

−	7	17	47
847	840	830	800
347	340	330	300

Startklar bis 1000! Wer ist schon Rechenmeister?

Rechnen mit Hundertern ➕ ➖

500 + 500 =
1000 − 500 =
300 + 400 =
700 − 400 =

Zahlen am Tausenderstrahl

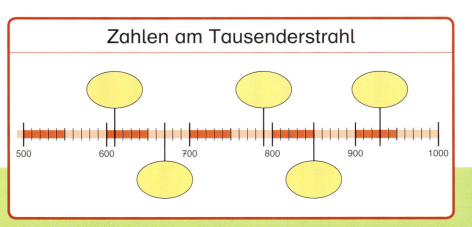

Hin und her!

365 + 300 =
665 − 300 =
505 + 45 =
550 − 45 =

Ergänzen ➕ ➖

410 + ⬚ = 500
410 − ⬚ = 400
695 + ⬚ = 700
695 − ⬚ = 600

Leichte Aufgaben – schwere Aufgaben!

59 + 30 =
359 + 30 =
70 − 35 =
770 − 35 =

Kannst du das schon? Kreuze an!

Heft 5 | **Alles klar! 1** | 9

Startklar bis 1000! Wer ist schon Rechenmeister?

Rechnen mit Hundertern ⊕ ⊖

500 + 500 = 1000
1000 − 500 = 500
300 + 400 = 700
700 − 400 = 300

Zahlen am Tausenderstrahl

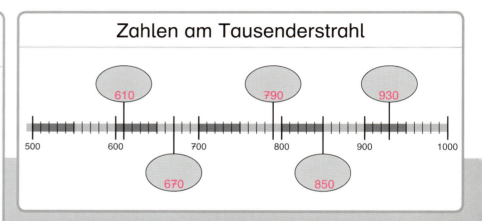

Hin und her!

365 + 300 = 665
665 − 300 = 365
505 + 45 = 550
550 − 45 = 505

Ergänzen ⊕ ⊖

410 + 90 = 500
410 − 10 = 400
695 + 5 = 700
695 − 95 = 600

Leichte Aufgaben – schwere Aufgaben!

59 + 30 = 89
359 + 30 = 389
70 − 35 = 35
770 − 35 = 735

Kannst du das schon? Kreuze an!

Heft 5 — **Mit Zehnern über die Hunderter** ⊕ — 10

① Erst zum Hunderter, dann weiter!

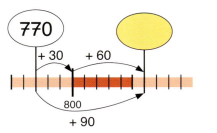

770 + 30 = ☐
770 + 90 = ☐

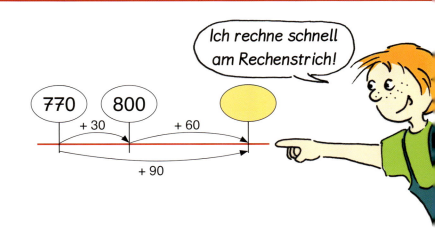

② 480 + 20 = ☐   540 + 60 = ☐   650 + 50 = ☐   870 + 90 = ☐
480 + 40 = ☐   540 + 80 = ☐   660 + 60 = ☐   860 + 80 = ☐
480 + 60 = ☐   540 + 90 = ☐   670 + 70 = ☐   850 + 70 = ☐

③ Rechne auch mit Einern.

Diese Einer bleiben!

140 + 90 = ☐   244 + 40 = ☐   360 + 82 = ☐
145 + 90 = ☐ 5   254 + 50 = ☐   360 + 87 = ☐
140 + 95 = ☐ 5   264 + 60 = ☐   360 + 85 = ☐

© 2015 by LOGO-Lern-Spiel Verlag

Heft 5 — **Mit Zehnern über die Hunderter** ⊕ — 10

① Erst zum Hunderter, dann weiter!

Ich rechne schnell am Rechenstrich!

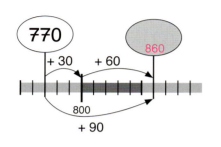

770 + 30 = 800
770 + 90 = 860

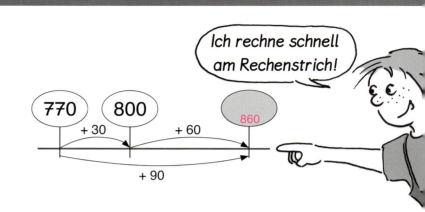

② 480 + 20 = 500   540 + 60 = 600   650 + 50 = 700   870 + 90 = 960
480 + 40 = 520   540 + 80 = 620   660 + 60 = 720   860 + 80 = 940
480 + 60 = 540   540 + 90 = 630   670 + 70 = 740   850 + 70 = 920

③ Rechne auch mit Einern.

Diese Einer bleiben!

140 + 90 = 230   244 + 40 = 284   360 + 82 = 442
145 + 90 = 235   254 + 50 = 304   360 + 87 = 447
140 + 95 = 235   264 + 60 = 324   360 + 85 = 445

© 2015 by LOGO-Lern-Spiel Verlag

Heft 5 | **Mit Zehnern über die Hunderter** | 11

① Erst zum Hunderter, dann weiter!

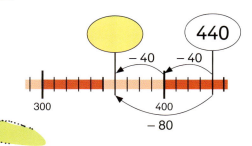

440 − 40 =
440 − 80 =

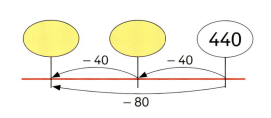

② 530 − 30 =   410 − 10 =   320 − 20 =   870 − 90 =
530 − 50 =   410 − 30 =   330 − 40 =   760 − 80 =
530 − 90 =   410 − 50 =   340 − 60 =   650 − 70 =

③ Die Einer bleiben!

670 − 60 =   750 − 80 =
675 − 60 = 5   755 − 80 =
679 − 60 = 9   755 − 60 =

④ Hin und her: Umkehraufgaben!

370 + 40 =   817 + 80 =
410 − 40 =   − 80 =

Mit Zehnern über die Hunderter

Heft 5   11

① Erst zum Hunderter, dann weiter!

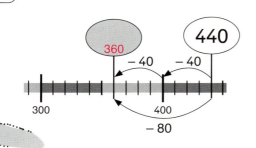

440 − 40 = 400
440 − 80 = 360

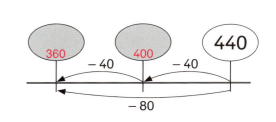

②
530 − 30 = 500
530 − 50 = 480
530 − 90 = 440

410 − 10 = 400
410 − 30 = 380
410 − 50 = 360

320 − 20 = 300
330 − 40 = 290
340 − 60 = 280

870 − 90 = 780
760 − 80 = 680
650 − 70 = 580

③ Die Einer bleiben!

670 − 60 = 610
675 − 60 = 615
679 − 60 = 619

750 − 80 = 670
755 − 80 = 675
755 − 60 = 695

④ Hin und her: Umkehraufgaben!

370 + 40 = 410
410 − 40 = 370

817 + 80 = 897
897 − 80 = 817

© 2015 by LOGO-Lern-Spiel Verlag

Heft 5 **In kleinen Schritten über die Hunderter** 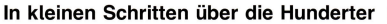 12

① Erst zum Hunderter, dann weiter!

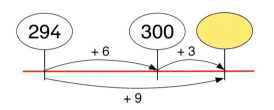

294 + 9 = ☐

303 − 9 = ☐

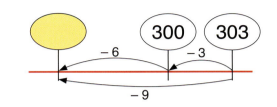

② 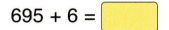 Hin und her: Umkehraufgaben!

695 + 6 = ☐   893 + 9 = ☐   498 + 6 = ☐   597 + 9 = ☐

701 − 6 = ☐   902 − 9 = ☐   504 − ☐ = ☐   ☐ − ☐ = ☐

③ Wie geht es weiter?

195 + 6 = ☐   396 + 7 = ☐   202 − 8 = ☐   604 − 6 = ☐

194 + 7 = ☐   496 + 7 = ☐   402 − 8 = ☐   605 − 7 = ☐

193 + 8 = ☐   596 + 7 = ☐   602 − 8 = ☐   606 − 8 = ☐

☐ + ☐ = ☐   ☐ + ☐ = ☐   ☐ − ☐ = ☐   ☐ − ☐ = ☐

© 2015 by LOGO-Lern-Spiel Verlag

Heft 5   **In kleinen Schritten über die Hunderter**   12

① Erst zum Hunderter, dann weiter!

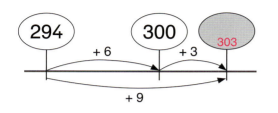

294 + 9 = 303
303 − 9 = 294

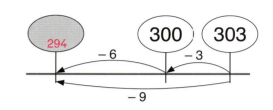

②  Hin und her: Umkehraufgaben!

695 + 6 = 701   893 + 9 = 902   498 + 6 = 504   597 + 9 = 606
701 − 6 = 695   902 − 9 = 893   504 − 6 = 498   606 − 9 = 597

③ Wie geht es weiter?

195 + 6 = 201   396 + 7 = 403   202 − 8 = 194   604 − 6 = 598
194 + 7 = 201   496 + 7 = 503   402 − 8 = 394   605 − 7 = 598
193 + 8 = 201   596 + 7 = 603   602 − 8 = 594   606 − 8 = 598
192 + 9 = 201   696 + 7 = 703   802 − 8 = 794   607 − 9 = 598

© 2015 by LOGO-Lern-Spiel Verlag

Hunderter und Zehner addieren ⊕   13

① Erst die Hunderter, dann die Zehner!　　　　　Erst die Zehner, dann die Hunderter!

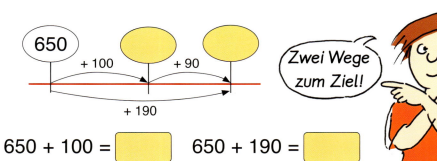
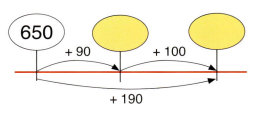

650 + 100 = ☐　　650 + 190 = ☐　　　　　650 + 90 = ☐　　650 + 190 = ☐

② Erst die Hunderter, dann weiter!　　　　　③ Erst die Zehner, dann weiter!

420 + 200 = ☐　　390 + 160 = ☐　　　　　560 + 80 = ☐　　670 + 150 = ☐

420 + 250 = ☐　　390 + 360 = ☐　　　　　560 + 280 = ☐　　670 + 160 = ☐

420 + 270 = ☐　　390 + 560 = ☐　　　　　560 + 380 = ☐　　670 + 170 = ☐

④ Immer gleiche Ergebnisse: Tauschaufgaben!

550 + 450 = ☐　　230 + 190 = ☐　　380 + 130 = ☐　　440 + 470 = ☐

450 + 550 = ☐　　190 + 230 = ☐　　130 + 380 = ☐　　470 + 440 = ☐

© 2015 by LOGO-Lern-Spiel Verlag

Hunderter und Zehner addieren

13

① Erst die Hunderter, dann die Zehner!   Erst die Zehner, dann die Hunderter!

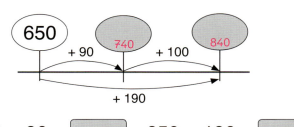

650 + 100 = 750   650 + 190 = 840   650 + 90 = 740   650 + 190 = 840

② Erst die Hunderter, dann weiter!   ③ Erst die Zehner, dann weiter!

420 + 200 = 620   390 + 160 = 550   560 + 80 = 640   670 + 150 = 820

420 + 250 = 670   390 + 360 = 750   560 + 280 = 840   670 + 160 = 830

420 + 270 = 690   390 + 560 = 950   560 + 380 = 940   670 + 170 = 840

④ Immer gleiche Ergebnisse: Tauschaufgaben!

550 + 450 = 1000   230 + 190 = 420   380 + 130 = 510   440 + 470 = 910

450 + 550 = 1000   190 + 230 = 420   130 + 380 = 510   470 + 440 = 910

Heft 5 — **Hunderter und Zehner subtrahieren** — 14

① Erst die Hunderter, dann die Zehner! Erst die Zehner, dann die Hunderter!

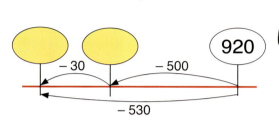 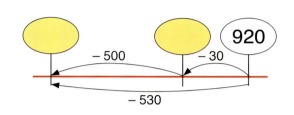

Minus ist auch leicht!

920 − 500 = ☐   920 − 530 = ☐   920 − 30 = ☐   920 − 530 = ☐

② Erst die Hunderter, dann weiter!

660 − 200 = ☐   810 − 140 = ☐
660 − 270 = ☐   810 − 340 = ☐
660 − 290 = ☐   810 − 540 = ☐

③ Erst die Zehner, dann weiter!

540 − 60 = ☐   730 − 390 = ☐
540 − 360 = ☐   730 − 370 = ☐
540 − 460 = ☐   730 − 350 = ☐

④ Plus und minus!

460 + 250 = ☐   610 + 380 = ☐
460 − 250 = ☐   610 − 380 = ☐

⑤ Hin und her: Umkehraufgaben!

750 + 170 = ☐   380 + 290 = ☐
920 − 170 = ☐   ☐ − 290 = ☐

© 2015 by LOGO-Lern-Spiel Verlag

Heft 5 — **Hunderter und Zehner subtrahieren** — 14

① Erst die Hunderter, dann die Zehner!

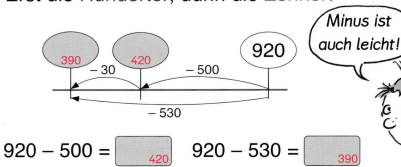

Minus ist auch leicht!

Erst die Zehner, dann die Hunderter!

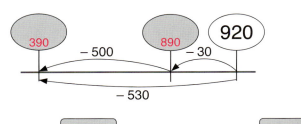

920 − 500 = 420   920 − 530 = 390

920 − 30 = 890   920 − 530 = 390

② Erst die Hunderter, dann weiter!

660 − 200 = 460   810 − 140 = 670
660 − 270 = 390   810 − 340 = 470
660 − 290 = 370   810 − 540 = 270

③ Erst die Zehner, dann weiter!

540 − 60 = 480   730 − 390 = 340
540 − 360 = 180   730 − 370 = 360
540 − 460 = 80   730 − 350 = 380

④ Plus und minus!

460 + 250 = 710   610 + 380 = 990
460 − 250 = 210   610 − 380 = 230

⑤ Hin und her: Umkehraufgaben!

750 + 170 = 920   380 + 290 = 670
920 − 170 = 750   670 − 290 = 380

© 2015 by LOGO-Lern-Spiel Verlag

Heft 5 | **Halbschriftlich addieren** ⊕ | 15

① Halbschriftlich rechnen: Schreibe die Rechenschritte auf.

Erst die Zehner, dann die Einer.

2 6 8 + 4 5 =

2 6 8 + 4 0 = 3 0 8
3 0 8 +   5 =

Erst die Hunderter, dann die Einer.

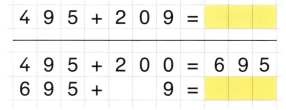

4 9 5 + 2 0 9 =

4 9 5 + 2 0 0 = 6 9 5
6 9 5 +   9 =

② Rechne in zwei Schritten.

3 9 5 + 5 8 =	3 9 5 + 5 0 8 =	3 9 5 + 5 8 0 =

3 9 5 + 5 0 =
        + 8 =
	3 9 5 + 5 0 0 =
	        + 8 =
		3 9 5 + 5 0 0 =
		        + 8 0 =

③ 654 + 27 =   169 + 404 =   297 + 58 =   599 + 303 =

654 + 270 =   169 + 44 =   297 + 580 =   599 + 33 =

654 + 207 =   169 + 440 =   297 + 508 =   599 + 330 =

© 2015 by LOGO-Lern-Spiel Verlag

Halbschriftlich addieren

Heft 5 — 15

① Halbschriftlich rechnen: Schreibe die Rechenschritte auf.

„Erst die Zehner, dann die Einer."

268 + 45 = 313

268 + 40 = 308
308 + 5 = 313

„Erst die Hunderter, dann die Einer."

495 + 209 = 704

495 + 200 = 695
695 + 9 = 704

② Rechne in zwei Schritten.

395 + 58 = 453	395 + 508 = 903	395 + 580 = 975
395 + 50 = 445	395 + 500 = 895	395 + 500 = 895
445 + 8 = 453	895 + 8 = 903	895 + 80 = 975

③
654 + 27 = 681
654 + 270 = 924
654 + 207 = 861

169 + 404 = 573
169 + 44 = 213
169 + 440 = 609

297 + 58 = 355
297 + 580 = 877
297 + 508 = 805

599 + 303 = 902
599 + 33 = 632
599 + 330 = 929

© 2015 by LOGO-Lern-Spiel Verlag

Halbschriftlich subtrahieren − | 16

  Heft 5

① Halbschriftlich rechnen: Schreibe die Rechenschritte auf.

Erst die Zehner, dann die Einer.

2 5 3 − 6 4 =
2 5 3 − 6 0 = 1 9 3
1 9 3 − 4 =

Erst die Hunderter, dann die Einer.

2 0 3 − 1 0 4 =
2 0 3 − 1 0 0 = 1 0 3
1 0 3 − 4 =

② Rechne in zwei Schritten.

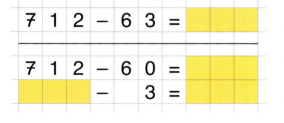

7 1 2 − 6 3 =
7 1 2 − 6 0 =
− 3 =

7 1 2 − 6 0 3 =
7 1 2 − 6 0 0 =
− 3 =

7 1 2 − 6 3 0 =
7 1 2 − 6 0 0 =
− 3 0 =

③ 513 − 39 =   464 − 27 =   835 − 560 =   601 − 407 =

513 − 309 =   464 − 270 =   835 − 56 =   601 − 470 =

513 − 390 =   464 − 207 =   835 − 506 =   601 − 47 =

© 2015 by LOGO-Lern-Spiel Verlag

Heft 5 — **Halbschriftlich subtrahieren** ⊖   16

① Halbschriftlich rechnen: Schreibe die Rechenschritte auf.

Erst die Zehner, dann die Einer.

2 5 3 − 6 4 =	1 8 9
2 5 3 − 6 0 = 1 9 3	
1 9 3 − 4 =	1 8 9

2 0 3 − 1 0 4 =	9 9
2 0 3 − 1 0 0 = 1 0 3	
1 0 3 − 4 =	9 9

Erst die Hunderter, dann die Einer.

② Rechne in zwei Schritten.

7 1 2 − 6 3 =	6 4 9
7 1 2 − 6 0 =	6 5 2
6 5 2 − 3 =	6 4 9

7 1 2 − 6 0 3 =	1 0 9
7 1 2 − 6 0 0 =	1 1 2
1 1 2 − 3 =	1 0 9

7 1 2 − 6 3 0 =	8 2
7 1 2 − 6 0 0 =	1 1 2
1 1 2 − 3 0 =	8 2

③ 513 − 39 = 474   464 − 27 = 437   835 − 560 = 275   601 − 407 = 194

513 − 309 = 204   464 − 270 = 194   835 − 56 = 779   601 − 470 = 131

513 − 390 = 123   464 − 207 = 257   835 − 506 = 329   601 − 47 = 554

© 2015 by LOGO-Lern-Spiel Verlag

Heft 5 **Geschicktes Rechnen** ➕ ➖   17

① Ein großer Schritt vorwärts, ein kleiner Schritt zurück!

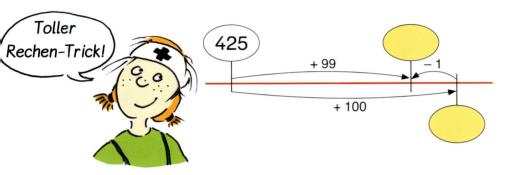

Toller Rechen-Trick!

425 + 100 =   425 + 99 =

824 + 99 =	270 + 190 =
824 + 49 =	270 + 199 =
356 + 89 =	540 + 390 =
356 + 88 =	540 + 398 =

② Ein großer Schritt rückwärts, ein kleiner nach vorn!

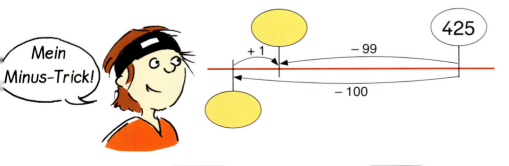

Mein Minus-Trick!

425 − 100 =   425 − 99 =

666 − 99 =	870 − 190 =
666 − 59 =	870 − 199 =
585 − 89 =	730 − 390 =
585 − 88 =	730 − 399 =

© 2015 by LOGO-Lern-Spiel Verlag

Heft 5   **Geschicktes Rechnen**   17

① 🌀 Ein großer Schritt vorwärts, ein kleiner Schritt zurück!

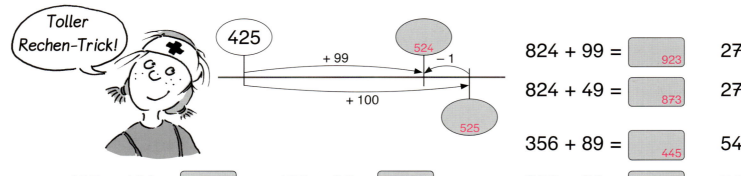

425 + 100 = 525   425 + 99 = 524

824 + 99 = 923	270 + 190 = 460
824 + 49 = 873	270 + 199 = 469
356 + 89 = 445	540 + 390 = 930
356 + 88 = 444	540 + 398 = 938

② 🌀 Ein großer Schritt rückwärts, ein kleiner nach vorn!

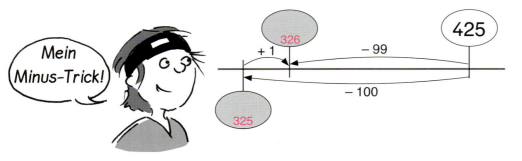

425 − 100 = 325   425 − 99 = 326

666 − 99 = 567	870 − 190 = 680
666 − 59 = 607	870 − 199 = 671
585 − 89 = 496	730 − 390 = 340
585 − 88 = 497	730 − 399 = 331

© 2015 by LOGO-Lern-Spiel Verlag

Heft 5   **Ergänzen** ➕ ➖   18

① Von 540 bis 610!

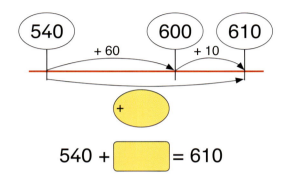

540 + ☐ = 610

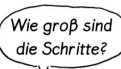
Wie groß sind die Schritte?

Von 750 bis 610!

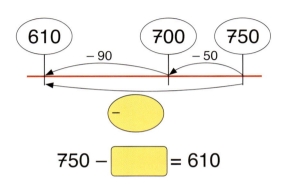

750 − ☐ = 610

② Immer drei Aufgaben!

520 + ☐ = 600   230 + ☐ = 530   660 − ☐ = 600   575 − ☐ = 540

520 + ☐ = 610   230 + ☐ = 580   660 − ☐ = 570   575 − ☐ = 545

520 + ☐ = 650   230 + ☐ = 610   660 − ☐ = 530   575 − ☐ = 445

③ Hin und her: Umkehraufgaben!

740 + ☐ = 810   390 + ☐ = 460   180 + ☐ = 690   550 + ☐ = 920

810 − ☐ = 740   460 − ☐ = 390   690 − ☐ = 180   920 − ☐ = 550

© 2015 by LOGO-Lern-Spiel Verlag

Heft 5 **Ergänzen** ⊕ ⊖   18

① Von 540 bis 610!

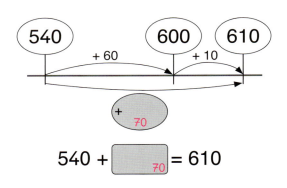

540 + [70] = 610

Von 750 bis 610!

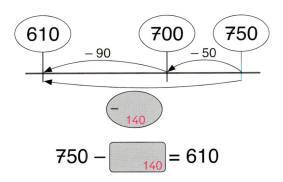

750 − [140] = 610

② Immer drei Aufgaben!

520 + [80] = 600   230 + [300] = 530   660 − [60] = 600   575 − [35] = 540

520 + [90] = 610   230 + [350] = 580   660 − [90] = 570   575 − [30] = 545

520 + [130] = 650   230 + [380] = 610   660 − [130] = 530   575 − [130] = 445

③ Hin und her: Umkehraufgaben!

740 + [70] = 810   390 + [70] = 460   180 + [510] = 690   550 + [370] = 920

810 − [70] = 740   460 − [70] = 390   690 − [510] = 180   920 − [370] = 550

© 2015 by LOGO-Lern-Spiel Verlag

Heft 5 **Verwandte Aufgaben**   19

①   Tauschaufgaben und Umkehraufgaben!

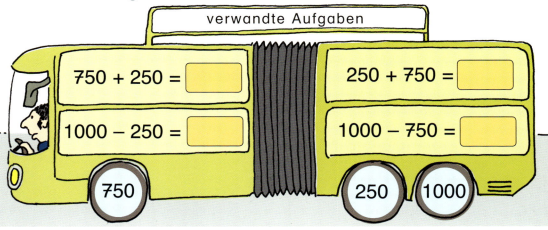

② 3 Zahlen – 4 Aufgaben!

(190) (640) (830)

190 + 640 = ☐
640 + ☐ = ☐
830 – 190 = ☐
☐ – ☐ = ☐

(690) (80) (○)

690 + 80 = ☐
80 + ☐ = ☐
☐ – 690 = ☐
☐ – 80 = ☐

③ Hier kommt ein kleiner Bus.

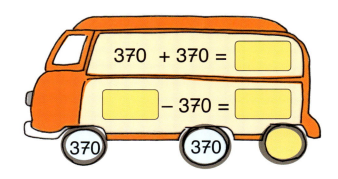

© 2015 by LOGO-Lern-Spiel Verlag

Heft 5 | **Verwandte Aufgaben** ⊕ ⊖ | 19

①  Tauschaufgaben und Umkehraufgaben!

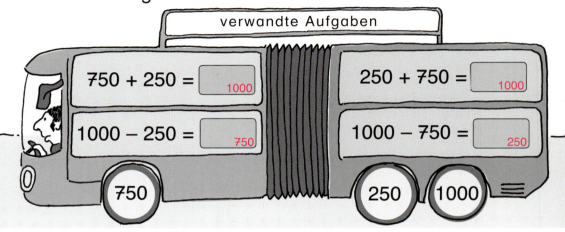

verwandte Aufgaben

750 + 250 = 1000
1000 − 250 = 750
750
250 + 750 = 1000
1000 − 750 = 250
250   1000

② 3 Zahlen – 4 Aufgaben!

190   640   830

190 + 640 = 830
640 + 190 = 830
830 − 190 = 640
830 − 640 = 190

690   80   770

690 + 80 = 770
80 + 690 = 770
770 − 690 = 80
770 − 80 = 690

③ Hier kommt ein kleiner Bus.

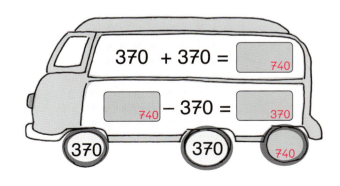

370 + 370 = 740
740 − 370 = 370
370   370   740

Heft 5 **Rechnen mit Geld**   20

① Alles für die Schule! Rechne mit Kommazahlen.

Tom

zusammen: ☐ €

1,20 € + ☐ € = ☐ €

Lena

zusammen: ☐ €

2,60 € + ☐ € = ☐ €

Ali

zusammen: ☐ €

4,50 € + ☐ € = ☐ €

②

hat	kauft	hat noch
2 €		☐ €

2,00 € − 1,20 € = ☐ €

hat	kauft	hat noch
10 €		☐ €

10,00 € − 6,50 € = ☐ €

hat	kauft	hat noch
5 €		☐ €

5,00 € − ☐ € = ☐ €

© 2015 by LOGO-Lern-Spiel Verlag

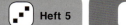

Heft 5 | **Rechnen mit Geld** (+) (−) | 20

① Alles für die Schule! Rechne mit Kommazahlen.

Tom

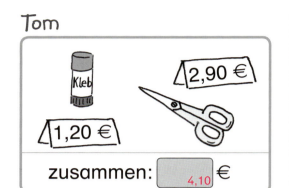

zusammen: 4,10 €

1,20 € + 2,90 € = 4,10 €

Lena

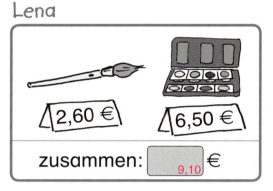

zusammen: 9,10 €

2,60 € + 6,50 € = 9,10 €

Ali

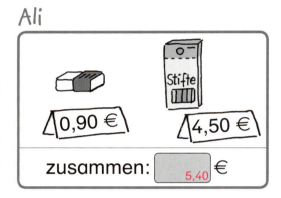

zusammen: 5,40 €

4,50 € + 0,90 € = 5,40 €

②

hat	kauft	hat noch
2 €	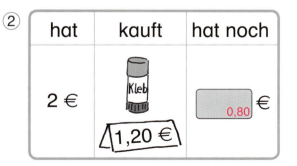	0,80 €

2,00 € − 1,20 € = 0,80 €

hat	kauft	hat noch
10 €	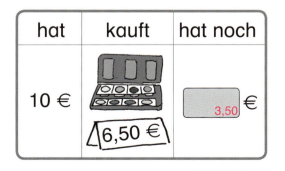	3,50 €

10,00 € − 6,50 € = 3,50 €

hat	kauft	hat noch
5 €		4,10 €

5,00 € − 0,90 € = 4,10 €

© 2015 by LOGO-Lern-Spiel Verlag

Alles klar! 2

Wer ist schon Rechenmeister?

Hin und her!

197 + 7 =
204 − 7 =
570 + 40 =
610 − 40 =

Immer gleiche Ergebnisse!

750 + 150 =
150 + 750 =
290 + 520 =
520 + 290 =

Plus und minus!

480 + 230 =
480 − 230 =
610 − 360 =
610 + 360 =

Rechne geschickt!

370 + 99 =
370 + 190 =
510 − 99 =
510 − 290 =

Ergänzen

680 + ⬚ = 710
680 + ⬚ = 715
420 − ⬚ = 380
420 − ⬚ = 375

3 Zahlen – 4 Aufgaben!

570 + 380 =
380 + ⬚ =
950 − 380 =
950 − ⬚ =

Kannst du das schon? Kreuze an!

© 2015 by LOGO-Lern-Spiel Verlag

Heft 5 **Alles klar! 2** 21

Wer ist schon Rechenmeister?

Hin und her!

197 + 7 = 204
204 − 7 = 197
570 + 40 = 610
610 − 40 = 570

Immer gleiche Ergebnisse!

750 + 150 = 900
150 + 750 = 900
290 + 520 = 810
520 + 290 = 810

Plus und minus!

480 + 230 = 710
480 − 230 = 250
610 − 360 = 250
610 + 360 = 970

Rechne geschickt!

370 + 99 = 469
370 + 190 = 560
510 − 99 = 411
510 − 290 = 220

Ergänzen

680 + 30 = 710
680 + 35 = 715
420 − 40 = 380
420 − 45 = 375

3 Zahlen – 4 Aufgaben!

570 + 380 = 950
380 + 570 = 950
950 − 380 = 570
950 − 570 = 380

Kannst du das schon? Kreuze an!

Heft 5 — **Schriftlich addieren** 1 — 22

①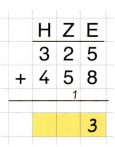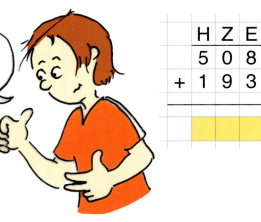

② Vergiss die Überträge nicht!

H Z E	H Z E	H Z E	H Z E	H Z E	H Z E
6 5 2	4 1 6	8 7	3 0 9	8 7	2 9 9
+ 2 3 9	+ 2 4 4	+ 2 5 6	+ 5 2 6	+ 9 4	+ 4 0 8

③ Achte auf die 0!

H Z E	H Z E	H Z E	H Z E	H Z E	H Z E
2 6 7	4 0 3	8 4 0	4 5 6	3 6 8	7 4 5
+ 1 3 0	+ 3 0 9	+ 6 6	+ 1 5 4	+ 2 3 9	+ 2 5 5

© 2015 by LOGO-Lern-Spiel Verlag

Heft 5 — **Schriftlich addieren ⊕ 1** — 22

①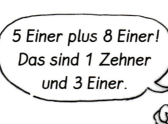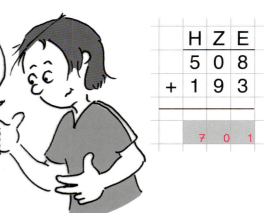

H	Z	E
3	2	5
+4	5	8

7 8 3

H	Z	E
5	0	8
+1	9	3

7 0 1

② Vergiss die Überträge nicht!

```
  6 5 2       4 1 6         8 7        3 0 9        8 7       2 9 9
+ 2 3 9     + 2 4 4      + 2 5 6     + 5 2 6     +   9 4    + 4 0 8
```
8 9 1   6 6 0   3 4 3   8 3 5   1 8 1   7 0 7

③ Achte auf die 0!

```
  2 6 7       4 0 3        8 4 0       4 5 6        3 6 8       7 4 5
+ 1 3 0     + 3 0 9     +   6 6     + 1 5 4      + 2 3 9     +  2 5 5
```
3 9 7   7 1 2   9 0 6   6 1 0   6 0 7   1 0 0 0

© 2015 by LOGO-Lern-Spiel Verlag

Heft 5 | **Schriftlich addieren** ⊕ 2 | 23

① Schriftlich ist es leicht!

274 + 88 =   306 + 429 =   59 + 275 =

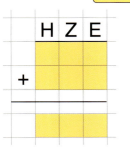
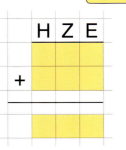
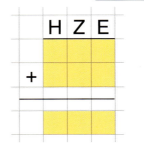

② 📝 Nimm ein Blatt Papier: Schreibe untereinander und rechne.

418 + 192 =   695 + 208 =   475 + 525 =

48 + 912 =   608 + 295 =   574 + 255 =

481 + 92 =   298 + 605 =   754 + 245 =

③ Welche Ziffern fehlen?

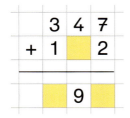
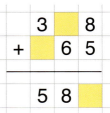
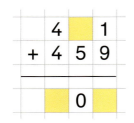
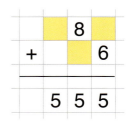
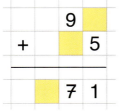
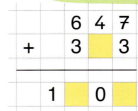

© 2015 by LOGO-Lern-Spiel Verlag

Heft 5 **Schriftlich addieren** ⊕ 2   23

① Schriftlich ist es leicht!   274 + 88 = 362   306 + 429 = 735   59 + 275 = 334

	H	Z	E
	2	7	4
+		8	8
	3	6	2

	H	Z	E
	3	0	6
+	4	2	9
	7	3	5

	H	Z	E
		5	9
+	2	7	5
	3	3	4

② Nimm ein Blatt Papier: Schreibe untereinander und rechne.

418 + 192 = 610   695 + 208 = 903   475 + 525 = 1000

48 + 912 = 960   608 + 295 = 903   574 + 255 = 829

481 + 92 = 573   298 + 605 = 903   754 + 245 = 999

③ Welche Ziffern fehlen?

```
   3 4 7          3 1 8          4 4 1          4 8 9          9 6          6 4 7
+  1 5 2        + 2 6 5        + 4 5 9        +   6 6        + 7 5        + 3 5 3
   4 9 9          5 8 3          9 0 0          5 5 5          1 7 1        1 0 0 0
```

© 2015 by LOGO-Lern-Spiel Verlag

Heft 5 — **Schriftlich subtrahieren (ohne Übertrag)** ⊖ — 24

①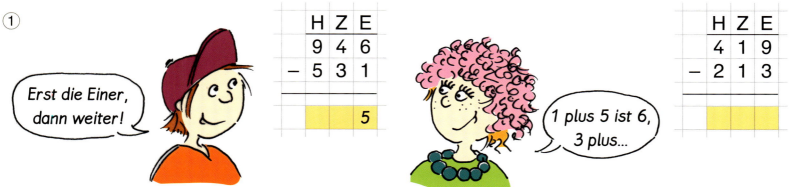

②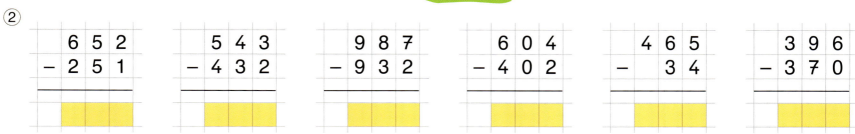

③ Nimm ein Blatt Papier: Schreibe untereinander und rechne.

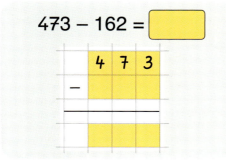

924 − 614 =

637 − 235 =

589 − 86 =

999 − 444 =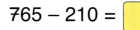

765 − 210 =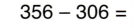

356 − 306 =

© 2015 by LOGO-Lern-Spiel Verlag

Schriftlich subtrahieren (ohne Übertrag) ⊖   24

①

```
  H Z E
  9 4 6
- 5 3 1
-------
  4 1 5
```

Erst die Einer, dann weiter!

1 plus 5 ist 6, 3 plus...

```
  H Z E
  4 1 9
- 2 1 3
-------
  2 0 6
```

②

```
  6 5 2        5 4 3        9 8 7        6 0 4        4 6 5        3 9 6
- 2 5 1      - 4 3 2      - 9 3 2      - 4 0 2      -   3 4      - 3 7 0
-------      -------      -------      -------      -------      -------
  4 0 1        1 1 1          5 5        2 0 2        4 3 1           2 6
```

③ Nimm ein Blatt Papier: Schreibe untereinander und rechne.

473 − 162 = 311

```
   4 7 3
 - 1 6 2
 -------
   3 1 1
```

924 − 614 = 310

637 − 235 = 402

589 − 86 = 503

999 − 444 = 555

765 − 210 = 555

356 − 306 = 50

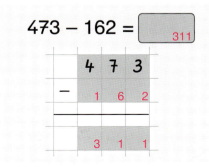

© 2015 by LOGO-Lern-Spiel Verlag

Heft 5 — **Schriftlich subtrahieren (Erweitern)** — 25

①  „7 bis 2 geht nicht!"

„10 Einer zur oberen Zahl, 1 Zehner zur unteren Zahl: Der Unterschied bleibt gleich!"

② Achte auf die Überträge.

```
  4 9 5        5 0 6        3 4 5        6 1 7        4 6 8        9 1 4
- 1 7 8      - 1 2 5      - 2 9 5      -   8 7      - 1 8 6      - 6 0 6
```

③ Hier gibt es mehrere Überträge!

```
  6 0¹⁰1¹⁰     7 2 4        4 3 0        5 0 4        9 0 0        1 0 0 0
- 3 6 8      - 3 2 8      -   9 6      - 4 0 5      - 1 2 3      -   4 3 5
   1 1
      3
```

© 2015 by LOGO-Lern-Spiel Verlag

Heft 5 — Schriftlich subtrahieren (Erweitern) ⊖

①

"7 bis 2 geht nicht!"

H	Z	E
5	7	2¹⁰
− 1	3	7
	1	
4	3	**5**

"10 Einer zur oberen Zahl, 1 Zehner zur unteren Zahl: Der Unterschied bleibt gleich!"

H	Z	E
4	2	7
− 1	3	5
2	9	2

② Achte auf die Überträge.

```
  4 9 5      5 0 6      3 4 5      6 1 7      4 6 8      9 1 4
− 1 7 8    − 1 2 5    − 2 9 5    −   8 7    − 1 8 6    − 6 0 6
─────────  ─────────  ─────────  ─────────  ─────────  ─────────
  3 1 7      3 8 1        5 0      5 3 0      2 8 2      3 0 8
```

③ Hier gibt es mehrere Überträge!

```
  6 0¹⁰1¹⁰    7 2 4      4 3 0      5 0 4      9 0 0      1 0 0 0
− 3 6 8    − 3 2 8    −   9 6    − 4 0 5    − 1 2 3    −   4 3 5
   1 1
─────────  ─────────  ─────────  ─────────  ─────────  ─────────
  2 3 3      3 9 6      3 3 4        9 9      7 7 7        5 6 5
```

© 2015 by LOGO-Lern-Spiel Verlag

Heft 5 **Schriftlich subtrahieren (Entbündeln)** ⊖ 26

①

So schreibt es Freund Max aus Bayern in seiner Schule.

② Entbündeln: Zehner in Einer, Hunderter in Zehner wechseln!

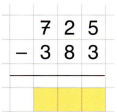 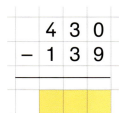 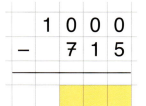

③ Plus und minus! Schreibe untereinander.

482 + 359 =
482 − 359 =

517 + 483 =
517 − 483 =

605 + 279 =
605 − 279 =

356 + 274 =
356 − 274 =

④ Umkehraufgaben!

521 + 189 =
710 − 189 =

859 + 141 =
1000 − 141 =

© 2015 by LOGO-Lern-Spiel Verlag

Schriftlich subtrahieren (Entbündeln) ⊖

①  „3 minus 8? Geht doch nicht!"

```
  H Z E
  6 7̶ 3¹⁰
−   4 2 8
─────────
      2 4 5
```

 „1 Zehner in 10 Einer wechseln! 13 minus 8..."

```
  H Z E
  6 7̶⁶ 3̶¹³
−   4 2 8
─────────
      2 4 5
```

So schreibt es Freund Max aus Bayern in seiner Schule.

② Entbündeln: Zehner in Einer, Hunderter in Zehner wechseln!

```
    3 1 4          7̶ 2 5          4 3 0          1 0 0 0
−   1 7̶ 2      −   3 8 3      −   1 3 9      −     7̶ 1 5
─────────      ─────────      ─────────      ───────────
    1 4 2          3 4 2          2 9 1            2 8 5
```

③ Plus und minus! Schreibe untereinander.

482 + 359 = 841   605 + 279 = 884

482 − 359 = 123   605 − 279 = 326

517 + 483 = 1000   356 + 274 = 630

517 − 483 = 34   356 − 274 = 82

④ Umkehraufgaben!

521 + 189 = 710

710 − 189 = 521

859 + 141 = 1000

1000 − 141 = 859

Heft 5   **Im Kopf oder schriftlich?** ⊕ ⊖   27

① Wie rechnest du?

Erst plus oder minus 200. Dann weiter!

385 + 199 = ☐

385 − 199 = ☐

```
  3 8 5
+ 1 9 9
───────
```

```
  3 8 5
− 1 9 9
───────
```

② 355 + 290 = ☐   650 + 195 = ☐   495 + 210 = ☐

355 − 290 = ☐   650 − 195 = ☐   495 − 210 = ☐

③ Hin und her: Umkehraufgaben!

750 + 98 = ☐   456 + 296 = ☐   598 + 206 = ☐

848 − 98 = ☐   ☐ − 296 = ☐   ☐ − 206 = ☐

56 + 199 = ☐   504 + 397 = ☐   203 + 205 = ☐

255 − 199 = ☐   ☐ − 397 = ☐   ☐ − ☐ = ☐

© 2015 by LOGO-Lern-Spiel Verlag

Heft 5 **Im Kopf oder schriftlich?** ➕ ➖ 27

① Wie rechnest du?

Erst plus oder minus 200. Dann weiter!

385 + 199 = 584
385 − 199 = 186

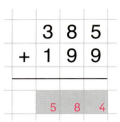
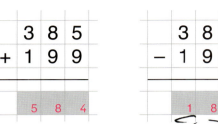

② 355 + 290 = 645   650 + 195 = 845   495 + 210 = 705
355 − 290 = 65   650 − 195 = 455   495 − 210 = 285

③ Hin und her: Umkehraufgaben!

750 + 98 = 848   456 + 296 = 752   598 + 206 = 804
848 − 98 = 750   752 − 296 = 456   804 − 206 = 598

56 + 199 = 255   504 + 397 = 901   203 + 205 = 408
255 − 199 = 56   901 − 397 = 504   408 − 205 = 203

© 2015 by LOGO-Lern-Spiel Verlag

Alles klar! 3

Wer ist schon Rechenmeister?

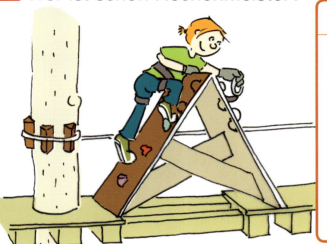

Addieren

309
+ 186
____

555
+ 266
____

Subtrahieren

485
− 283
____

605
− 83
____

704
− 195
____

1000
− 777
____

Schreibe untereinander

256 + 335 =

754 + 246 =

507 − 186 =

1000 − 315 =

Plus und minus!

425
+ 195
____

425
− 195
____

685
+ 256
____

685
− 256
____

Umkehraufgaben

529
+ 176
____

705
− 176
____

295
+ 259
____

554
− 259
____

Im Kopf oder schriftlich?

285 + 96 =

285 − 96 =

425 + 290 =

425 − 290 =

Kannst du das schon? Kreuze an!

😊	
😐	
☹	

© 2015 by LOGO-Lern-Spiel Verlag

Heft 5 **Alles klar! 3** 28

Wer ist schon Rechenmeister?

Addieren

309
+ 186

495

555
+ 266

821

Subtrahieren

485
− 283

202

605
− 83

522

704
− 195

509

1000
− 777

223

Schreibe untereinander

256 + 335 = 591

754 + 246 = 1000

507 − 186 = 321

1000 − 315 = 685

Plus und minus!

425
+ 195

620

425
− 195

230

685
+ 256

941

685
− 256

429

Umkehraufgaben

529
+ 176

705

705
− 176

529

295
+ 259

554

554
− 259

295

Im Kopf oder schriftlich?

285 + 96 = 381

285 − 96 = 189

425 + 290 = 715

425 − 290 = 135

Kannst du das schon? Kreuze an!

© 2015 by LOGO-Lern-Spiel Verlag

Heft 5 **Malaufgaben mit Zehnerzahlen** 29

"Mit plus geht es!"

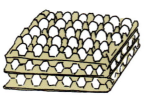

30 + 30 + 30 = ☐

3 · 30 = ☐

 "Mit mal ist es leichter!"

1	40	ct
2		ct
5		ct
10		ct

90 ct + 90 ct = ☐ ct

2 · 90 ct = ☐ ct

6 · 50 ct = ☐ ct

Stunden und Minuten

1 h		min
2 h		min
3 h		min
4 h		min

3 · 80 = ☐

5 · 20 = ☐

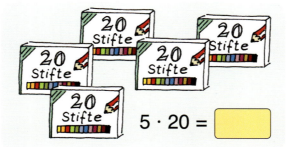

© 2015 by LOGO-Lern-Spiel Verlag

Malaufgaben mit Zehnerzahlen

Heft 5

Mit plus geht es!

30 + 30 + 30 = 90

3 · 30 = 90

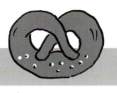
Mit mal ist es leichter!

1	40	ct
2	80	ct
5	200	ct
10	400	ct

90 ct + 90 ct = 180 ct

2 · 90 ct = 180 ct

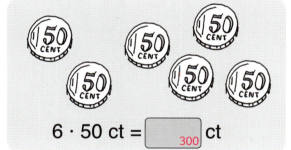

6 · 50 ct = 300 ct

Stunden und Minuten

1 h	60	min
2 h	120	min
3 h	180	min
4 h	240	min

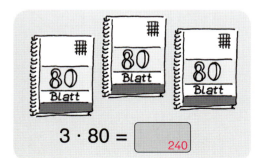

3 · 80 = 240

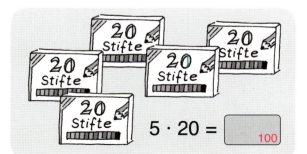

5 · 20 = 100

© 2015 by LOGO-Lern-Spiel Verlag

Heft 5 | **Zehnerschritte** · | 30

①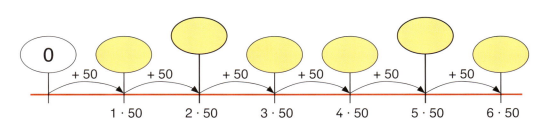

② Immer vier Aufgaben!

7 · 50 = ☐   2 · 40 = ☐   2 · 30 = ☐   2 · 20 = ☐

8 · 50 = ☐   3 · 40 = ☐   4 · 30 = ☐   5 · 20 = ☐

9 · 50 = ☐   4 · 40 = ☐   5 · 30 = ☐   6 · 20 = ☐

10 · 50 = ☐   5 · 40 = ☐   10 · 30 = ☐   10 · 20 = ☐

③ 60er-Raupe!

© 2015 by LOGO-Lern-Spiel Verlag

Heft 5 — **Zehnerschritte** — 30

①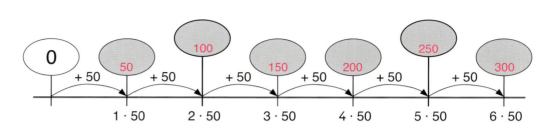

② Immer vier Aufgaben!

7 · 50 = 350	2 · 40 = 80	2 · 30 = 60	2 · 20 = 40
8 · 50 = 400	3 · 40 = 120	4 · 30 = 120	5 · 20 = 100
9 · 50 = 450	4 · 40 = 160	5 · 30 = 150	6 · 20 = 120
10 · 50 = 500	5 · 40 = 200	10 · 30 = 300	10 · 20 = 200

③ 60er-Raupe!

Kleiner Schritte – große Schritte

①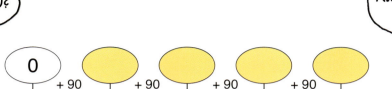

4 · 9 = ☐
4 · 90 = ☐

6 · 9 = ☐ 7 · 9 = ☐ 8 · 9 = ☐ 9 · 9 = ☐ 10 · 9 = ☐

6 · 90 = ☐ 7 · 90 = ☐ 8 · 90 = ☐ 9 · 90 = ☐ 10 · 90 = ☐

② Das kleine Einmaleins hilft!

5 · 8 = ☐ 6 · 8 = ☐ 10 · 7 = ☐ 9 · 7 = ☐ 6 · 6 = ☐

5 · 80 = ☐ 6 · 80 = ☐ 10 · 70 = ☐ 9 · 70 = ☐ 6 · 60 = ☐

③ Denke an die kleinen Schritte.

5 · 60 = ☐ 9 · 30 = ☐ 7 · 40 = ☐ 5 · 50 = ☐ 8 · 80 = ☐

6 · 50 = ☐ 3 · 90 = ☐ 4 · 70 = ☐ 7 · 70 = ☐ 9 · 90 = ☐

© 2015 by LOGO-Lern-Spiel Verlag

Kleine Schritte – große Schritte

Heft 5 — 31

①

"4 mal 90?"   "Klar! 4 mal 9 ist 36."

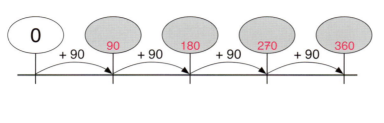

0 → +90 → 90 → +90 → 180 → +90 → 270 → +90 → 360

4 · 9 = 36
4 · 90 = 360

6 · 9 = 54   7 · 9 = 63   8 · 9 = 72   9 · 9 = 81   10 · 9 = 90
6 · 90 = 540   7 · 90 = 630   8 · 90 = 720   9 · 90 = 810   10 · 90 = 900

② **Das kleine Einmaleins hilft!**

5 · 8 = 40   6 · 8 = 48   10 · 7 = 70   9 · 7 = 63   6 · 6 = 36
5 · 80 = 400   6 · 80 = 480   10 · 70 = 700   9 · 70 = 630   6 · 60 = 360

③ **Denke an die kleinen Schritte.**

5 · 60 = 300   9 · 30 = 270   7 · 40 = 280   5 · 50 = 250   8 · 80 = 640
6 · 50 = 300   3 · 90 = 270   4 · 70 = 280   7 · 70 = 490   9 · 90 = 810

© 2015 by LOGO-Lern-Spiel Verlag

Tauschaufgaben

①

80 · 6 = ☐
6 · 80 = ☐

20 · 7 = ☐
7 · 20 = ☐

② 50 · 3 = ☐   40 · 8 = ☐   30 · 9 = ☐   90 · 7 = ☐
3 · 50 = ☐   8 · 40 = ☐   ☐ · 30 = ☐   ☐ · 90 = ☐

③ Löse mit der Tauschaufgabe.

50 · 8 = ☐   40 · 9 = ☐   30 · 10 = ☐   70 · 5 = ☐   50 · 7 = ☐
60 · 8 = ☐   60 · 9 = ☐   80 · 10 = ☐   90 · 5 = ☐   70 · 7 = ☐

④ Immer sechs Aufgaben!

6 · 8 = ☐
8 · 6 = ☐

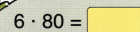

6 · 80 = ☐
8 · 60 = ☐

60 · 8 = ☐
80 · 6 = ☐

4 · 9 = ☐
9 · 4 = ☐

4 · 90 = ☐
9 · 40 = ☐

90 · 4 = ☐
40 · 9 = ☐

Tauschaufgaben

Heft 5 — 32

①

"80 mal 6? Puh!"

80 · 6 = 480
6 · 80 = 480

"Die Tauschaufgabe hilft!"

20 · 7 = 140
7 · 20 = 140

② 50 · 3 = 150   40 · 8 = 320   30 · 9 = 270   90 · 7 = 630
   3 · 50 = 150   8 · 40 = 320   9 · 30 = 270   7 · 90 = 630

③ Löse mit der Tauschaufgabe.

50 · 8 = 400   40 · 9 = 360   30 · 10 = 300   70 · 5 = 350   50 · 7 = 350
60 · 8 = 480   60 · 9 = 540   80 · 10 = 800   90 · 5 = 450   70 · 7 = 490

④ Immer sechs Aufgaben!

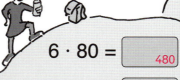

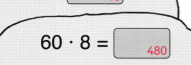
6 · 8 = 48
8 · 6 = 48

6 · 80 = 480
8 · 60 = 480

60 · 8 = 480
80 · 6 = 480

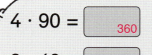
4 · 9 = 36
9 · 4 = 36

4 · 90 = 360
9 · 40 = 360

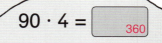
90 · 4 = 360
40 · 9 = 360

© 2015 by LOGO-Lern-Spiel Verlag

Heft 5 — **Wie viele Schritte?** — 33

①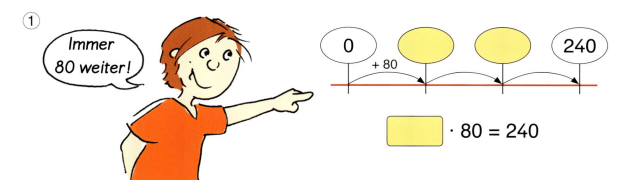

② ☐ · 80 = 320   ☐ · 50 = 200   ☐ · 60 = 240   ☐ · 40 = 400
☐ · 80 = 400   ☐ · 50 = 300   ☐ · 60 = 480   ☐ · 40 = 360

③ Kleine Schritte – große Schritte!

☐ · 7 = 35   ☐ · 9 = 45   ☐ · 6 = 36   ☐ · 3 = 27
☐ · 70 = 350   ☐ · 90 = 450   ☐ · 60 = 360   ☐ · 30 = 270

④ ☐ · 40 = 240   ☐ · 60 = 300   ☐ · 50 = 400   ☐ · 60 = 360
☐ · 80 = 240   ☐ · 50 = 300   ☐ · 80 = 400   ☐ · 90 = 360

© 2015 by LOGO-Lern-Spiel Verlag

Wie viele Schritte?

①

[3] · 80 = 240

② [4] · 80 = 320   [4] · 50 = 200   [4] · 60 = 240   [10] · 40 = 400

[5] · 80 = 400   [6] · 50 = 300   [8] · 60 = 480   [9] · 40 = 360

③ Kleine Schritte – große Schritte!

[5] · 7 = 35   [5] · 9 = 45   [6] · 6 = 36   [9] · 3 = 27

[5] · 70 = 350   [5] · 90 = 450   [6] · 60 = 360   [9] · 30 = 270

④ [6] · 40 = 240   [5] · 60 = 300   [8] · 50 = 400   [6] · 60 = 360

[3] · 80 = 240   [6] · 50 = 300   [5] · 80 = 400   [4] · 90 = 360

Dividieren

34

① Wer malnehmen kann, kann auch teilen!

Umkehraufgaben! *Auch mit großen Zahlen!*

3 · 9 = ☐   3 · 90 = ☐
27 : 9 = ☐   270 : 90 = ☐

② Immer zwei Aufgaben!

5 · 8 = ☐   5 · 80 = ☐   9 · 6 = ☐   9 · 60 = ☐
40 : 8 = ☐   400 : 80 = ☐   ☐ : 6 = ☐   ☐ : 60 = ☐

③ 28 : 7 = ☐   64 : 8 = ☐   45 : 5 = ☐   32 : 4 = ☐
280 : 70 = ☐   640 : 80 = ☐   450 : 50 = ☐   320 : 40 = ☐

④ 180 : 60 = ☐   240 : 60 = ☐   200 : 20 = ☐   300 : 10 = ☐
180 : 30 = ☐   240 : 40 = ☐   200 : 40 = ☐   300 : 50 = ☐
180 : 90 = ☐   240 : 80 = ☐   200 : 50 = ☐   300 : 60 = ☐

© 2015 by LOGO-Lern-Spiel Verlag

Dividieren :

Heft 5 — 34

① **Wer malnehmen kann, kann auch teilen!**

Umkehraufgaben! *Auch mit großen Zahlen!*

3 · 9 = 27   3 · 90 = 270

27 : 9 = 3   270 : 90 = 3

② **Immer zwei Aufgaben!**

5 · 8 = 40   5 · 80 = 400   9 · 6 = 54   9 · 60 = 540

40 : 8 = 5   400 : 80 = 5   54 : 6 = 9   540 : 60 = 9

③ 28 : 7 = 4   64 : 8 = 8   45 : 5 = 9   32 : 4 = 8

280 : 70 = 4   640 : 80 = 8   450 : 50 = 9   320 : 40 = 8

④ 180 : 60 = 3   240 : 60 = 4   200 : 20 = 10   300 : 10 = 30

180 : 30 = 6   240 : 40 = 6   200 : 40 = 5   300 : 50 = 6

180 : 90 = 2   240 : 80 = 3   200 : 50 = 4   300 : 60 = 5

© 2015 by LOGO-Lern-Spiel Verlag

Heft 5 — **Leichte Aufgaben – schwere Aufgaben** · : 35

①

Drei Mal-Aufgaben!

3 · 6 =
3 · 60 =
30 · 6 =

18 : 6 =
180 : 60 =
180 : 6 =

Drei Durch-Aufgaben!

② Die Sonnen-Aufgaben helfen dir!

20 : 5 =
200 : 5 =
200 : 50 =

32 : 8 =
320 : 8 =
320 : 80 =

③
12 : 4 =
120 : 4 =
120 : 40 =

24 : 6 =
240 : 6 =
240 : 60 =

35 : 7 =
350 : 7 =
350 : 70 =

81 : 9 =
810 : 9 =
810 : 90 =

④
210 : 3 =
210 : 30 =

420 : 6 =
420 : 60 =

250 : 5 =
250 : 50 =

480 : 8 =
480 : 80 =

© 2015 by LOGO-Lern-Spiel Verlag

Leichte Aufgaben – schwere Aufgaben

1

Drei Mal-Aufgaben!

3 · 6 = 18
3 · 60 = 180
30 · 6 = 180

18 : 6 = 3
180 : 60 = 3
180 : 6 = 30

Drei Durch-Aufgaben!

2 Die Sonnen-Aufgaben helfen dir!

20 : 5 = 4
200 : 5 = 40
200 : 50 = 4

32 : 8 = 4
320 : 8 = 40
320 : 80 = 4

3
12 : 4 = 3	24 : 6 = 4	35 : 7 = 5	81 : 9 = 9
120 : 4 = 30	240 : 6 = 40	350 : 7 = 50	810 : 9 = 90
120 : 40 = 3	240 : 60 = 4	350 : 70 = 5	810 : 90 = 9

4
210 : 3 = 70	420 : 6 = 70	250 : 5 = 50	480 : 8 = 60
210 : 30 = 7	420 : 60 = 7	250 : 50 = 5	480 : 80 = 6

Heft 5 — **Alles klar! 4** — 36

Wer ist schon Rechenmeister?

Mal-Aufgaben

5 · 60 = ☐   4 · 40 = ☐
5 · 70 = ☐   5 · 50 = ☐
5 · 80 = ☐   6 · 60 = ☐
5 · 90 = ☐   7 · 70 = ☐

Kleine Schritte – große Schritte

4 · 9 = ☐
4 · 90 = ☐
7 · 7 = ☐
7 · 70 = ☐

Tauschaufgaben

6 · 30 = ☐
30 · 6 = ☐
10 · 40 = ☐
40 · 10 = ☐

Wie viele Schritte?

☐ · 7 = 21
☐ · 70 = 210
☐ · 5 = 450
☐ · 50 = 450

Dividieren

32 : 8 = ☐
320 : 8 = ☐
320 : 80 = ☐

Verwandte Aufgaben

4 · 90 = ☐
90 · 4 = ☐
360 : 90 = ☐
360 : 4 = ☐

Kannst du das schon? Kreuze an!

© 2015 by LOGO-Lern-Spiel Verlag

Heft 5   **Alles klar! 4**   36

Wer ist schon Rechenmeister?

Mal-Aufgaben

5 · 60 = 300   4 · 40 = 160
5 · 70 = 350   5 · 50 = 250
5 · 80 = 400   6 · 60 = 360
5 · 90 = 450   7 · 70 = 490

Kleine Schritte – große Schritte

4 · 9 = 36
4 · 90 = 360
7 · 7 = 49
7 · 70 = 490

Tauschaufgaben

6 · 30 = 180
30 · 6 = 180
10 · 40 = 400
40 · 10 = 400

Wie viele Schritte?

3 · 7 = 21
3 · 70 = 210
90 · 5 = 450
9 · 50 = 450

Dividieren

32 : 8 = 4
320 : 8 = 40
320 : 80 = 4

Verwandte Aufgaben

4 · 90 = 360
90 · 4 = 360
360 : 90 = 4
360 : 4 = 90

Kannst du das schon? Kreuze an!

© 2015 by LOGO-Lern-Spiel Verlag

Großes Einmaleins · 1

①

3 · 12 = ☐
3 · 10 = ☐
3 · 2 = ☐

② Erst die Zehner, dann die Einer!

6 · 16 = ☐	5 · 18 = ☐	7 · 17 = ☐	4 · 19 = ☐	8 · 18 = ☐
6 · 10 = ☐	5 · 10 = ☐	7 · 10 = ☐	4 · 10 = ☐	8 · 10 = ☐
6 · 6 = ☐	5 · 8 = ☐	7 · 7 = ☐	4 · 9 = ☐	8 · 8 = ☐

③ Kannst du die Schritte schon im Kopf?

5 · 12 = ☐	4 · 15 = ☐	5 · 16 = ☐	10 · 18 = ☐	6 · 16 = ☐
5 · 13 = ☐	4 · 16 = ☐	6 · 16 = ☐	9 · 18 = ☐	7 · 17 = ☐
5 · 14 = ☐	4 · 17 = ☐	7 · 16 = ☐	8 · 18 = ☐	8 · 18 = ☐
5 · 15 = ☐	4 · 18 = ☐	8 · 16 = ☐	7 · 18 = ☐	9 · 19 = ☐

Heft 5 — Großes Einmaleins · 1 — 37

①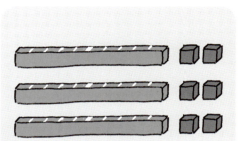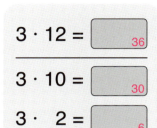

3 · 12 = 36
3 · 10 = 30
3 · 2 = 6

② **Erst die Zehner, dann die Einer!**

6 · 16 = 96	5 · 18 = 90	7 · 17 = 119	4 · 19 = 76	8 · 18 = 144
6 · 10 = 60	5 · 10 = 50	7 · 10 = 70	4 · 10 = 40	8 · 10 = 80
6 · 6 = 36	5 · 8 = 40	7 · 7 = 49	4 · 9 = 36	8 · 8 = 64

③ **Kannst du die Schritte schon im Kopf?**

5 · 12 = 60	4 · 15 = 60	5 · 16 = 80	10 · 18 = 180	6 · 16 = 96
5 · 13 = 65	4 · 16 = 64	6 · 16 = 96	9 · 18 = 162	7 · 17 = 119
5 · 14 = 70	4 · 17 = 68	7 · 16 = 112	8 · 18 = 144	8 · 18 = 144
5 · 15 = 75	4 · 18 = 72	8 · 16 = 128	7 · 18 = 126	9 · 19 = 171

© 2015 by LOGO-Lern-Spiel Verlag

Heft 5 Großes Einmaleins 2   38

① Immer zwei Aufgaben: Tauschaufgaben!

3 · 15 = ☐   4 · 17 = ☐   3 · 19 = ☐   6 · 16 = ☐   8 · 18 = ☐
15 · 3 = ☐   17 · 4 = ☐   19 · 3 = ☐   16 · 6 = ☐   18 · 8 = ☐

② Löse mit der Tauschaufgabe.

18 · 2 = ☐   16 · 3 = ☐   12 · 8 = ☐   14 · 6 = ☐   19 · 4 = ☐
18 · 4 = ☐   16 · 5 = ☐   12 · 9 = ☐   14 · 7 = ☐   19 · 6 = ☐

③ Tabellen!

·	10	7	17
3			
4			

·	10	6	16
5			
6			

·	10	5	15
8			
9			

④ 12er-Raupe!

© 2015 by LOGO-Lern-Spiel Verlag

Großes Einmaleins · 2

① Immer zwei Aufgaben: Tauschaufgaben!

3 · 15 = 45   4 · 17 = 68   3 · 19 = 57   6 · 16 = 96   8 · 18 = 144
15 · 3 = 45   17 · 4 = 68   19 · 3 = 57   16 · 6 = 96   18 · 8 = 144

② Löse mit der Tauschaufgabe.

18 · 2 = 36   16 · 3 = 48   12 · 8 = 96   14 · 6 = 84   19 · 4 = 76
18 · 4 = 72   16 · 5 = 80   12 · 9 = 108   14 · 7 = 98   19 · 6 = 114

③ Tabellen!

·	10	7	17
3	30	21	51
4	40	28	68

·	10	6	16
5	50	30	80
6	60	36	96

·	10	5	15
8	80	40	120
9	90	45	135

④ 12er-Raupe!

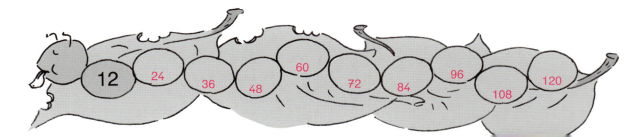

12, 24, 36, 48, 60, 72, 84, 96, 108, 120

Heft 5 — **Multiplizieren mit großen Zahlen · 1** — 39

①

3 · 24 = ☐
─────────
3 · 20 = ☐

3 · 4 = ☐

Wieder zwei Aufgaben!

② Erst die Zehner, dann die Einer!

6 · 42 = ☐   5 · 56 = ☐   7 · 72 = ☐   8 · 95 = ☐
──────────   ──────────   ──────────   ──────────
6 · 40 = ☐   5 · 50 = ☐   ☐ · 70 = ☐   ☐ · 90 = ☐

6 · 2 = ☐   5 · ☐ = ☐   ☐ · 2 = ☐   ☐ · 5 = ☐

③ Kannst du die Schritte schon im Kopf?

3 · 60 = ☐   5 · 32 = ☐   4 · 24 = ☐   2 · 96 = ☐   10 · 45 = ☐

3 · 64 = ☐   5 · 33 = ☐   5 · 24 = ☐   4 · 48 = ☐   9 · 45 = ☐

3 · 68 = ☐   5 · 34 = ☐   6 · 24 = ☐   8 · 24 = ☐   8 · 45 = ☐

© 2015 by LOGO-Lern-Spiel Verlag

Heft 5 **Multiplizieren mit großen Zahlen** · 1 39

①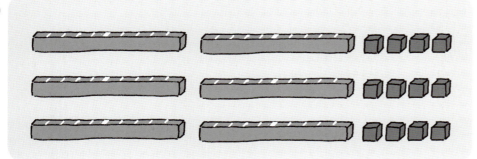

3 · 24 = 72
3 · 20 = 60
3 · 4 = 12

Wieder zwei Aufgaben!

② **Erst die Zehner, dann die Einer!**

6 · 42 = 252 　5 · 56 = 280 　7 · 72 = 504 　8 · 95 = 760
6 · 40 = 240 　5 · 50 = 250 　7 · 70 = 490 　8 · 90 = 720
6 · 2 = 12 　5 · 6 = 30 　7 · 2 = 14 　8 · 5 = 40

③ **Kannst du die Schritte schon im Kopf?**

3 · 60 = 180 　5 · 32 = 160 　4 · 24 = 96 　2 · 96 = 192 　10 · 45 = 450
3 · 64 = 192 　5 · 33 = 165 　5 · 24 = 120 　4 · 48 = 192 　9 · 45 = 405
3 · 68 = 204 　5 · 34 = 170 　6 · 24 = 144 　8 · 24 = 192 　8 · 45 = 360

© 2015 by LOGO-Lern-Spiel Verlag

Heft 5 — **Multiplizieren mit großen Zahlen · 2** — 40

① **Immer zwei Aufgaben: Tauschaufgaben!**

4 · 25 = ☐   5 · 36 = ☐   7 · 42 = ☐   8 · 44 = ☐   9 · 45 = ☐

25 · 4 = ☐   36 · 5 = ☐   42 · 7 = ☐   44 · 8 = ☐   45 · 9 = ☐

② **Löse mit der Tauschaufgabe.**

35 · 4 = ☐   42 · 6 = ☐   26 · 9 = ☐   85 · 4 = ☐   99 · 2 = ☐

34 · 5 = ☐   24 · 6 = ☐   52 · 9 = ☐   85 · 8 = ☐   99 · 4 = ☐

③ **Tabellen!**

·	20	5	25
5	100		
6			

·	30	6	36
4			
8			

·	70	5	75
3			
6			

④ **25er-Raupe!**

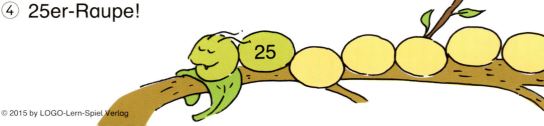

Heft 5 — **Multiplizieren mit großen Zahlen · 2** — 40

① Immer zwei Aufgaben: Tauschaufgaben!

4 · 25 = 100   5 · 36 = 180   7 · 42 = 294   8 · 44 = 352   9 · 45 = 405
25 · 4 = 100   36 · 5 = 180   42 · 7 = 294   44 · 8 = 352   45 · 9 = 405

② Löse mit der Tauschaufgabe.

35 · 4 = 140   42 · 6 = 252   26 · 9 = 234   85 · 4 = 340   99 · 2 = 198
34 · 5 = 170   24 · 6 = 144   52 · 9 = 468   85 · 8 = 680   99 · 4 = 396

③ Tabellen!

·	20	5	25
5	100	25	125
6	120	30	150

·	30	6	36
4	120	24	144
8	240	48	288

·	70	5	75
3	210	15	225
6	420	30	450

④ 25er-Raupe!

25, 50, 75, 100, 125, 150, 175, 200, 225, 250

Heft 5 | **Dividieren in zwei Schritten : 1** | 41

① In zwei Schritten ist es leicht!

52 : 4 = ☐   70 : 5 = ☐   102 : 6 = ☐
―――――   ―――――   ―――――
40 : 4 = ☐   50 : 5 = ☐   : 6 = ☐

12 : 4 = ☐   20 : 5 = ☐   : 6 = ☐

Erst den Zehnerschritt, dann weiter!

② Kannst du das schon im Kopf?

70 : 7 = ☐   80 : 8 = ☐   96 : 6 = ☐   119 : 7 = ☐   102 : 6 = ☐

84 : 7 = ☐   96 : 8 = ☐   80 : 5 = ☐   144 : 8 = ☐   112 : 7 = ☐

98 : 7 = ☐   104 : 8 = ☐   64 : 4 = ☐   171 : 9 = ☐   112 : 8 = ☐

③ Hin und her: Umkehraufgaben!

16 · 6 = ☐   15 · 7 = ☐   14 · 9 = ☐   19 · 4 = ☐

96 : 6 = ☐   : 7 = ☐   : 9 = ☐   : 4 = ☐

© 2015 by LOGO-Lern-Spiel Verlag

Dividieren in zwei Schritten : 1

Heft 5 — 41

① In zwei Schritten ist es leicht!

52 : 4 = 13
40 : 4 = 10
12 : 4 = 3

Erst den Zehnerschritt, dann weiter!

70 : 5 = 14
50 : 5 = 10
20 : 5 = 4

102 : 6 = 17
60 : 6 = 10
42 : 6 = 7

② Kannst du das schon im Kopf?

70 : 7 = 10
84 : 7 = 12
98 : 7 = 14

80 : 8 = 10
96 : 8 = 12
104 : 8 = 13

96 : 6 = 16
80 : 5 = 16
64 : 4 = 16

119 : 7 = 17
144 : 8 = 18
171 : 9 = 19

102 : 6 = 17
112 : 7 = 16
112 : 8 = 14

③ Hin und her: Umkehraufgaben!

16 · 6 = 96
96 : 6 = 16

15 · 7 = 105
105 : 7 = 15

14 · 9 = 126
126 : 9 = 14

19 · 4 = 76
76 : 4 = 19

© 2015 by LOGO-Lern-Spiel Verlag

Dividieren in zwei Schritten : 2

① **In zwei Schritten ist es leicht!**

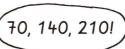

245 : 7 = ☐
———————
210 : 7 = ☐
———————
35 : 7 = ☐

259 : 7 = ☐
———————
210 : 7 = ☐
———————
☐ : 7 = ☐

② **Erst die Zehnerschritte! Dann weiter!**

156 : 6 = ☐
———————
120 : 6 = ☐
———————
36 : 6 = ☐

225 : 5 = ☐
———————
200 : 5 = ☐
———————
25 : 5 = ☐

306 : 9 = ☐
———————
☐ : 9 = ☐
———————
☐ : 9 = ☐

520 : 8 = ☐
———————
☐ : 8 = ☐
———————
☐ : 8 = ☐

③ **Hier bleibt ein Rest!**

250 : 6 = ☐ Rest ☐
—————————————
240 : 6 = ☐
—————————————
10 : 6 = ☐ Rest ☐

182 : 4 = ☐ R ☐
—————————————
☐ : 4 = ☐
—————————————
☐ : 4 = ☐ R ☐

400 : 9 = ☐ R ☐
—————————————
☐ : 9 = ☐
—————————————
☐ : 9 = ☐ R ☐

© 2015 by LOGO-Lern-Spiel Verlag

Dividieren in zwei Schritten : 2

① **In zwei Schritten ist es leicht!**

245 : 7 = 35
210 : 7 = 30
35 : 7 = 5

259 : 7 = 37
210 : 7 = 30
49 : 7 = 7

② **Erst die Zehnerschritte! Dann weiter!**

156 : 6 = 26
120 : 6 = 20
36 : 6 = 6

225 : 5 = 45
200 : 5 = 40
25 : 5 = 5

306 : 9 = 34
270 : 9 = 30
36 : 9 = 4

520 : 8 = 65
480 : 8 = 60
40 : 8 = 5

③ **Hier bleibt ein Rest!**

250 : 6 = 41 Rest 4
240 : 6 = 40
10 : 6 = 1 Rest 4

182 : 4 = 45 R 2
160 : 4 = 40
22 : 4 = 5 R 2

400 : 9 = 44 R 4
360 : 9 = 40
40 : 9 = 4 R 4

© 2015 by LOGO-Lern-Spiel Verlag

Rechnen mit Geld

① Beim Bäcker!

Brötchen	Preis
1	0,30 €
2	☐ €
3	☐ €
4	☐ €
5	☐ €

② Schokolade für alle Freunde!

1 Tafel	2 Tafeln	4 Tafeln	10 Tafeln
0,75 €	☐ €	☐ €	☐ €

③ Blumen für die Mutter!

1 Rose kostet 0,90 €.

5 Rosen kosten ☐ €.

④ Limo im Dreierpack!

1,50 €

1 Dose kostet ☐ ct.

⑤ Gummibärchen!

2 Tüten 1,70 €,

1 Tüte ☐ €.

⑥ Tischtennisbälle!

5 Bälle kosten 5,50 €.

1 Ball kostet ☐ €.

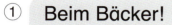 **Rechnen mit Geld** ⊙ ⋮ 43

① **Beim Bäcker!**

Brötchen	Preis
1	0,30 €
2	0,60 €
3	0,90 €
4	1,20 €
5	1,50 €

② **Schokolade für alle Freunde!**

1 Tafel	2 Tafeln	4 Tafeln	10 Tafeln
0,75 €	1,50 €	3,00 €	7,50 €

③ **Blumen für die Mutter!**

1 Rose kostet 0,90 €.

5 Rosen kosten 4,50 €.

④ **Limo im Dreierpack!**

 1,50 €

1 Dose kostet 50 ct.

⑤ **Gummibärchen!**

 2 Tüten 1,70 €,

1 Tüte 0,85 €.

⑥ **Tischtennisbälle!**

5 Bälle kosten 5,50 €.

1 Ball kostet 1,10 €.

© 2015 by LOGO-Lern-Spiel Verlag

Alles klar! 5

Wer ist schon Rechenmeister?

Großes Einmaleins

3 · 15 =
5 · 15 =
9 · 15 =
10 · 15 =

Tauschaufgaben

3 · 17 =
17 · 3 =
5 · 18 =
18 · 5 =

Tabellen

·	10	9	19
5			
6			

Multiplizieren mit großen Zahlen

6 · 35 =
6 · 45 =
6 · 55 =
6 · 65 =

Dividieren

60 : 5 =
75 : 5 =
140 : 4 =
148 : 4 =

Geld

1 Dose	0,45 €
2 Dosen	
3 Dosen	
5 Dosen	

Kannst du das schon? Kreuze an!

😐	

© 2015 by LOGO-Lern-Spiel Verlag

Heft 5

Alles klar! 5

44

Wer ist schon Rechenmeister?

Großes Einmaleins

3 · 15 = 45
5 · 15 = 75
9 · 15 = 135
10 · 15 = 150

Tauschaufgaben

3 · 17 = 51
17 · 3 = 51
5 · 18 = 90
18 · 5 = 90

Tabellen

·	10	9	19
5	50	45	95
6	60	54	114

Multiplizieren mit großen Zahlen

6 · 35 = 210
6 · 45 = 270
6 · 55 = 330
6 · 65 = 390

Dividieren

60 : 5 = 12
75 : 5 = 15
140 : 4 = 35
148 : 4 = 37

Geld

1 Dose	0,45 €
2 Dosen	0,90 €
3 Dosen	1,35 €
5 Dosen	2,25 €

Kannst du das schon? Kreuze an!

☺	
:	
☹	

© 2015 by LOGO-Lern-Spiel Verlag